Impressum
Verlag: BABADADA GmbH, Nedderfeld 112 , 22529 Hamburg
Geschäftsführer / Verlagsleitung: Harald Hof
Druck: Books on Demand GmbH, In de Tarpen 42, 22848 Norderstedt

Imprint
Publisher: BABADADA GmbH, Nedderfeld 112 , 22529 Hamburg, Germany
Managing Director / Publishing direction: Harald Hof
Print: Books on Demand GmbH, In de Tarpen 42, 22848 Norderstedt, Germany

училище

школа

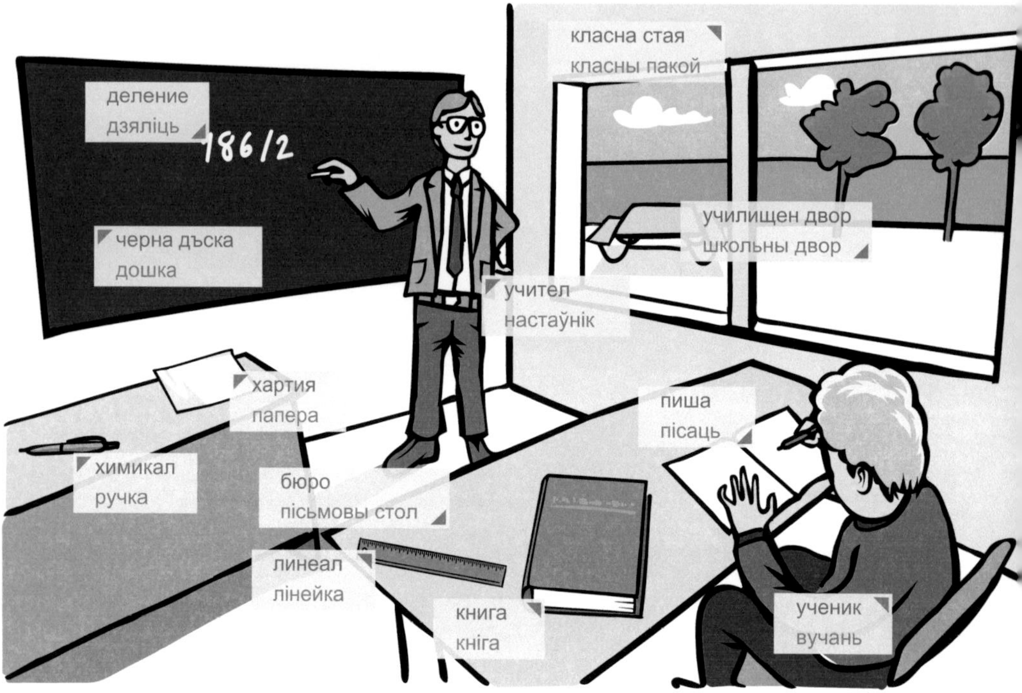

класна стая
класны пакой
деление
дзяліць
186/2
училищен двор
школьны двор
черна дъска
дошка
учител
настаўнік
хартия
папера
пиша
пісаць
химикал
ручка
бюро
пісьмовы стол
линеал
лінейка
книга
кніга
ученик
вучань

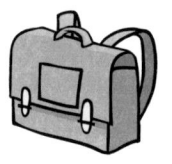

ученическа раница

ранец

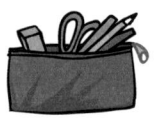

ученически несесер

пенал

молив

просты аловак

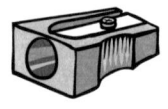

острилка за моливи

тачылка для алоўкаў

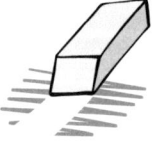

гума

гумка

блок за рисуване

альбом для малявання

рисунка

малюнак

четка

пэндзлік

акварелни бои

фарбы

ножица

нажніцы

лепило

клей

тетрадка за упражнения

сшытак

домашна работа

хатняе заданне

12

число

лік

2+2

събиране

дадаваць

5-2

изваждане

адымаць

2×2

умножение

множыць

смятане

лічыць

A

буква

літара

ABCDEFG HIJKLMN OPQRSTU VWXYZ

азбука

алфавіт

дума

слова

текст

тэкст

чета

чытаць

тебешир

крэйда

час

ўрок

дневник на класа

класны журнал

изпит

экзамен

свидетелство

атэстат

ученическа униформа

школьная форма

образование

адукацыя

справочник

энцыклапедыя

университет

універсітэт

микроскоп

мікраскоп

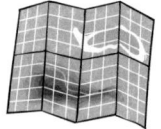

карта

карта

кошче за хартиени отпадъци

смеццевы кошык

пътуване
падарожжа

Grand
хотел
гатэль
хостел
хостэл
ROOMS
обменно бюро
абменны пункт
EXCHANGE
куфар
чамадан
кола
аўтамабіль

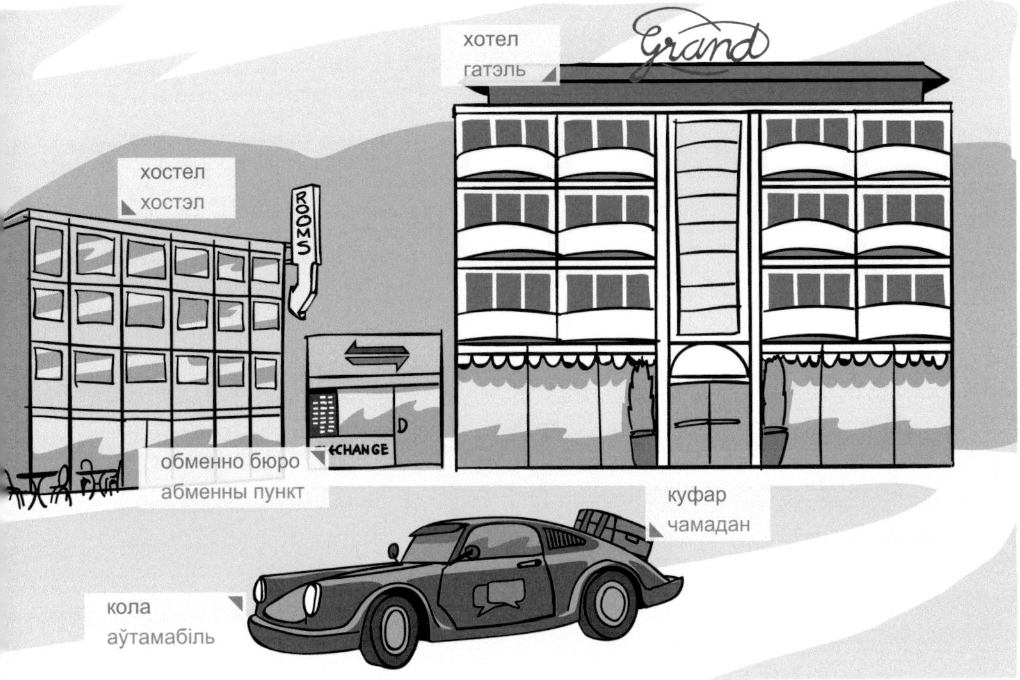

език

мова

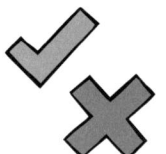

да / не

так / не

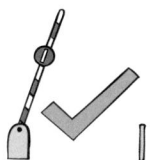

Окей

добра

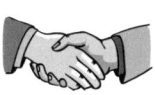

здравей

прывітанне!

преводач

перакладчык

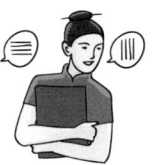

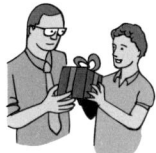

Благодаря

дзякуй

Колко струва…?

Колькі каштуе….?

Не разбирам

я не разумею

проблем

праблема

Добър вечер!

Добры вечар!

Добро утро!

Добрай раніцы!

Лека нощ!

Дабранач!

довиждане

да пабачэння

посока

кірунак

багаж

багаж

пътна чанта

сумка

раница

заплечнік

посетител

госць

стая

пакой

спален чувал

спальны мяшок

палатка

палатка

туристическа информация

фармацыя для турыстаў

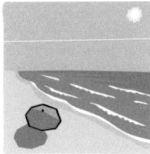

плаж

пляж

кредитна карта

крэдытная картка

закуска

снеданне

обед

абед

вечеря

вячэра

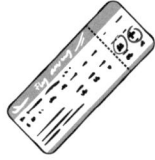

билет

праязны білет

асансьор

ліфт

пощенска марка

паштовая марка

граница

мяжа

митница

мытня

посолство

пасольства

виза

віза

паспорт

пашпарт

транспорт

транспарт

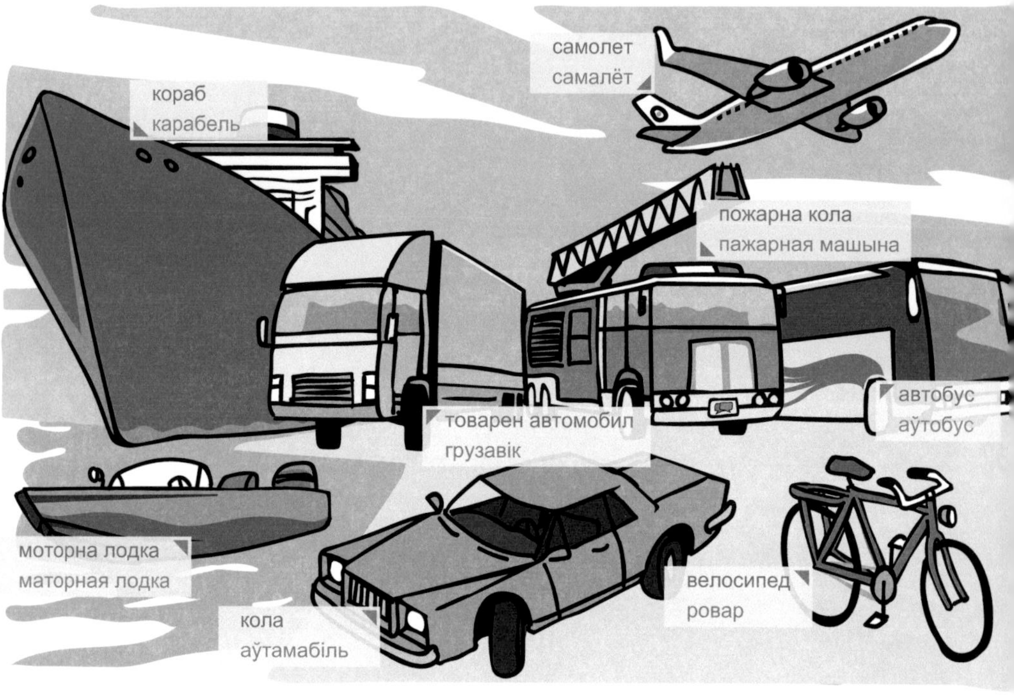
самолет
самалёт
кораб
карабель
пожарна кола
пажарная машына
автобус
аўтобус
товарен автомобил
грузавік
моторна лодка
маторная лодка
велосипед
ровар
кола
аўтамабіль

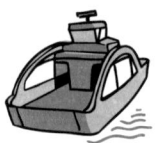

ферибот

паром

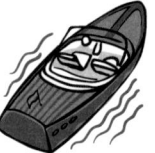

лодка

лодка

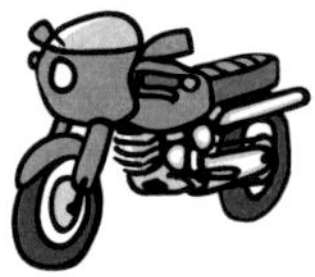

мотоциклет

матацыкл

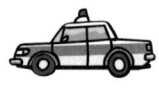

полицейска кола

паліцэйская машына

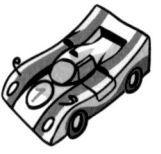

състезателна кола

гоначны аўтамабіль

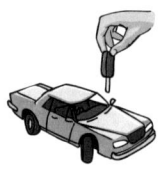

кола под наем

арэндаваны аўтамабіль

каршеринг

сумеснае карыстанне аўтамабілем

автомобил от "Пътна помощ"

эвакуатар

сметовоз

смеццявоз

двигател

матор

бензин

паліва

бензиностанция

запраўка

пътен знак

дарожны знак

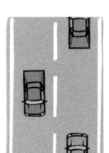

улично движение

дарожны рух

задръстване

затор

паркинг

паркоўка

гара

чыгуначная станцыя

релси

рэйкі

влак

цягнік

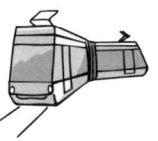

трамвай

трамвай

вагон

вагон

хеликоптер

верталёт

аерогара

аэрапорт

кула

вежа

пасажер

пасажыр

контейнер

кантэйнер

кашон

кардонная скрыня

ръчна количка

тачка

кошница

карзіна

излитам / приземявам се

ўзлятаць / прызямляцца

град

горад

село

вёска

градски център

цэнтр горада

къща

дом

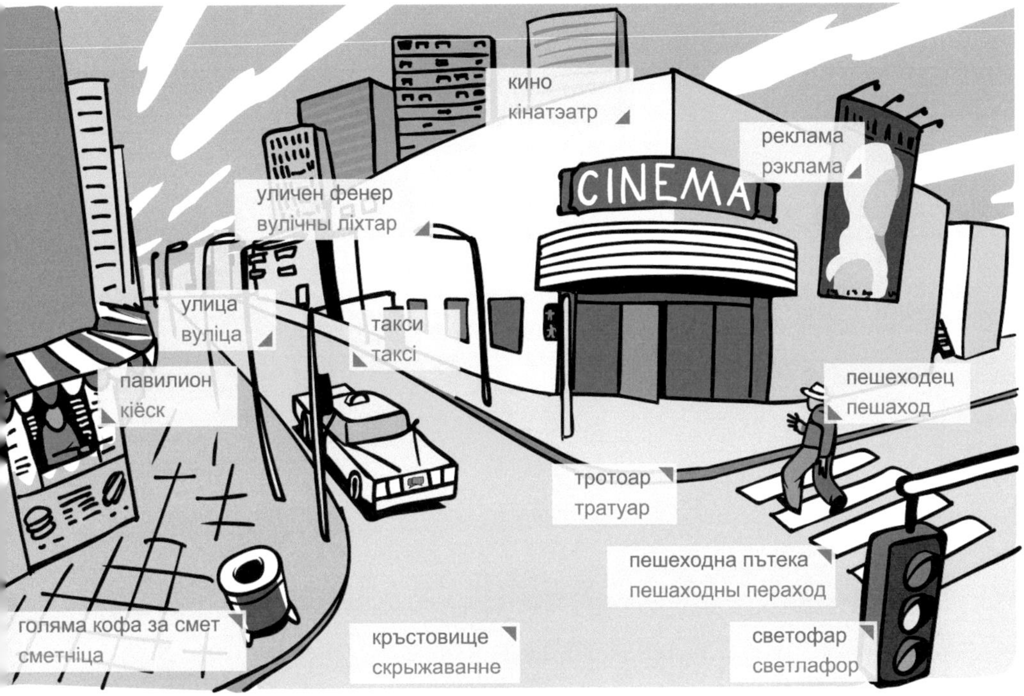

кино
кінатэатр

реклама
рэклама

уличен фенер
вулічны ліхтар

улица
вуліца

такси
таксі

павилион
кіёск

пешеходец
пешаход

тротоар
тратуар

пешеходна пътека
пешаходны пераход

голяма кофа за смет
сметніца

кръстовище
скрыжаванне

светофар
светлафор

CINEMA

хижа

халупа

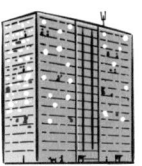

жилище

кватэра

гара

чыгуначная станцыя

кметство

ратуша

музей

музей

училище

школа

град - горад

11

университет

університэт

банка

банк

болница

шпіталь

хотел

гатэль

аптека

аптэка

офис

офіс

книжарница

кнігарня

магазин за цветя

крама

магазин за цветя

кветкавая крама

супермаркет

супермаркет

пазар

кірмаш

универсален магазин

універмаг

търговец на риба

рыбная крама

търговски център

гандлевы цэнтр

пристанище

порт

парк

парк

пейка

лава

мост

мост

стълба

лесвіца

метро

метро

тунел

тунэль

автобусна спирка

прыпынак

бар

бар

ресторант

рэстаран

пощенска кутия

паштовая скрыня

улична табелка

вулічны паказальнік

часовник за паркинг престой

паркамат

зоологическа градина

заапарк

плувен басейн

басейн

джамия

мячэць

селски двор

сядзіба

замърсяване на околната среда

забруджванне навакольнага асяроддзя

гробище

могілкі

църква

царква

детска площадка

пляцоўка для гульні

храм

храм

пейзаж
краявід

листо

ліст

пътепоказател

паказальнік

път

дарога

ливада

луг

камък

камень

пътешественик

падарожнік

дърво

дрэва

река

рака

трева

трава

цвете

кветка

долина
даліна

планина
гара

море
возера

гора
лес

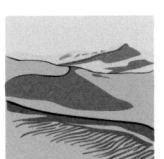

пустиня
пустыня

вулкан
вулкан

замък
замак

дъга
вясёлка

гъба
грыб

палма
пальма

комар
камар

муха
муха

мравка
мурашка

пчела
пчала

паяк
павук

бръмбар

жук

жаба

жаба

катеричка

вавёрка

таралеж

вожык

заек

заяц

кукумявка

сава

птица

птушка

лебед

лебедзь

диво прасе

дзік

елен

алень

лос

лось

бент

плаціна

вятърна турбина

вятрак

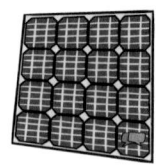

соларен модул

сонечная батарэя

климат

клімат

ресторант

рэстаран

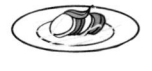

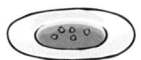

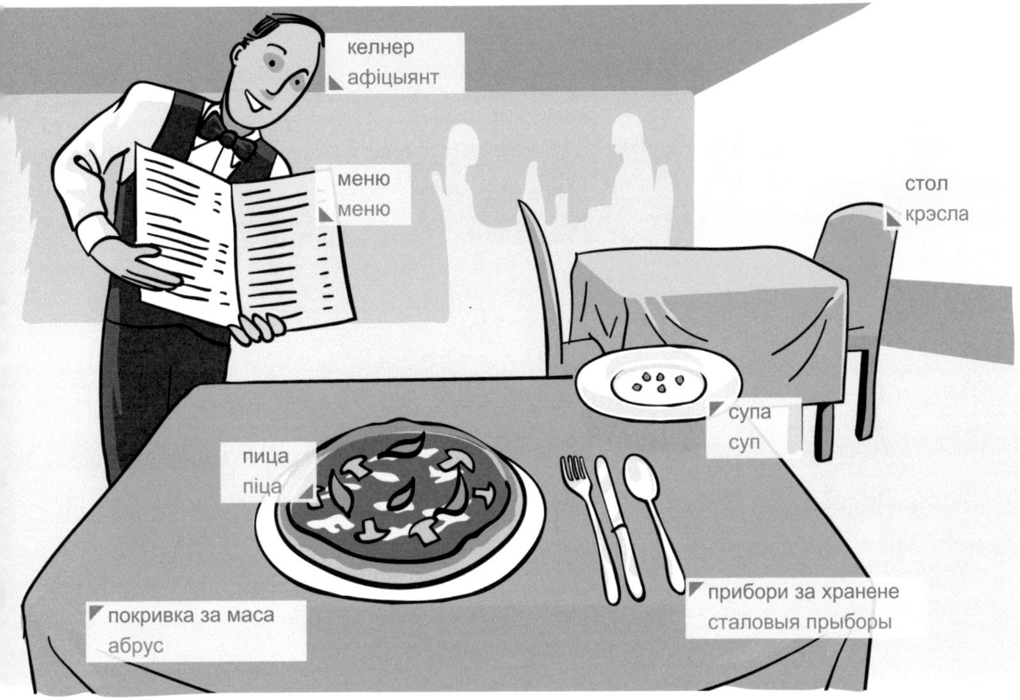

келнер
афіцыянт
меню
меню
стол
крэсла
супа
суп
пица
піца
прибори за хранене
сталовыя прыборы
покривка за маса
абрус

предястие

закуска

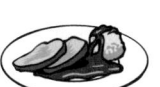

основно ястие

другая страва

десерт

дэсерт

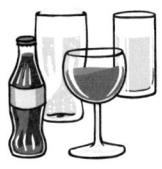

напитки

напоі

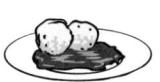

ядене

ежа

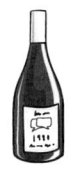

бутилка

бутэлька

бързо хранене

хуткае харчаванне (фаст-фуд)

улична храна

стрыт-фуд

кана за чай

імбрык (чайнік)

кутия за захар

цукарніца

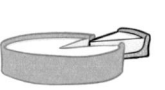

порция

порцыя

еспресо машина

эспрэса-машына

висок детски стол

дзіцячае крэселка

сметка

рахунак

табла

паднос

ножица за нокти

нож

вилица

відэлец

лъжица

лыжка

чаена лъжичка

чайная лыжка

салфетка

сурвэтка

стъклена чаша

шклянка

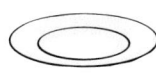

чиния

талерка

чиния за супа

супавая талерка

чинийка

сподак

сос

соус

солница

сальніца

мелничка за черен пипер

млынок для перцу

оцет

воцат

олио

алей

подправки

спецыі

кетчуп

кетчуп

горчица

гарчыца

майонеза

маянэз

супермаркет

супермаркет

оферта
акцыя
FOR
клиент
пакупнік
млечни продукти
малочныя прадукты
плодове
садавіна
количка за покупки
вазок

BUTCHERS

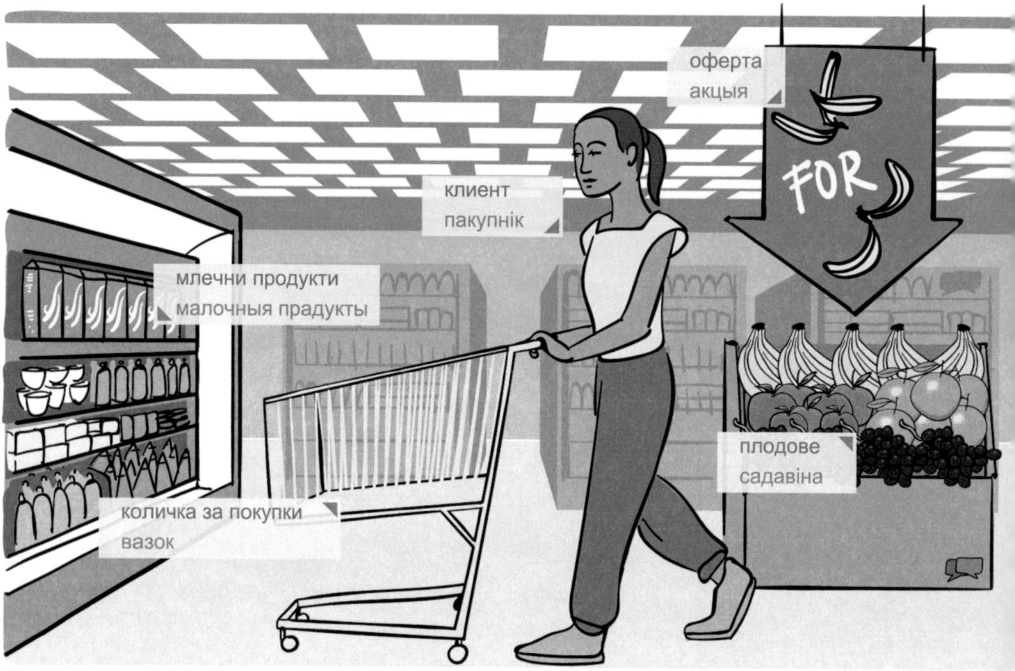

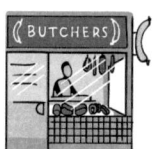

кланица

мясная крама

BAKERY

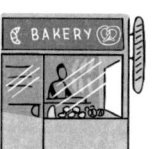

хлебарница

хлебны магазін

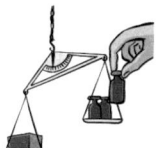

тегля

важыць

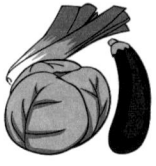

зеленчуци

гароднiна

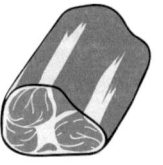

месо

мяса

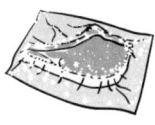

дълбоко замразена храна

свежазамарожаныя прадукты

нарязан колбас или
`сирене`
нарэзка

консерви
кансервы

перилен препарат
пральны парашок

лакомства
прысмакі

домакински изделия
хатнія прылады

почистващи препарати
чысцячы сродак

продавачка
прадавец

каса
каса

касиер
касір

списък на покупките
спіс пакупак

работно време
гадзіны працы

портфейл
бумажнік

кредитна карта
крэдытная картка

чанта
сумка

пластмасова торба
пакет

супермаркет - супермаркет

напоі

вода
....
вада

сок
....
сок

мляко
....
малако

кола
....
кола

вино
....
віно

бира
....
піва

алкохол
....
алкаголь

какао
....
какава

чай
....
гарбата (чай)

кафе машина
....
кава

еспресо
....
эспрэса

капучино
....
капучына

банан

банан

ябълка

яблык

портокал

апельсін

пъпеш

дыня

лимон

лімон

морков

морква

чесън

часнок

бамбук

бамбук

лук

цыбуля

гъба

грыб

ядки

арэхі

макарони

локшына

спагети

спагеці

ориз

рыс

салата

салата

пържени картофи

бульба фры

печени картофи

смажаная бульба

пица

піца

хамбургер

гамбургер

сандвич

бутэрброд

шницел

шніцаль

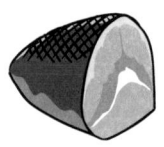

шунка

вяндліна

траен колбас

салямі

салам

каўбаса

пиле

курыца

печено

смажаніна

риба

рыбак

овесени ядки

аўсяныя камякі

мюсли

мюслі

корнфлейкс

кукурузныя шматкі

брашно

мука

кроасан

круасан

хлебчета

булачка

хляб

хлеб

препечена филийка

тост

бисквити

пячэнне

масло

масла

извара

тварог

сладкиш

пірог

яйце

яйка

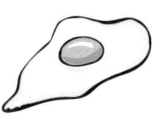

яйца на очи

яечня

сирене

сыр

ядене - ежа

сладолед

марожанае

захар

цукар

мед

мёд

мармалад

варэнне

нуга крем

нуга

къри

кары

селски двор
сядзіба

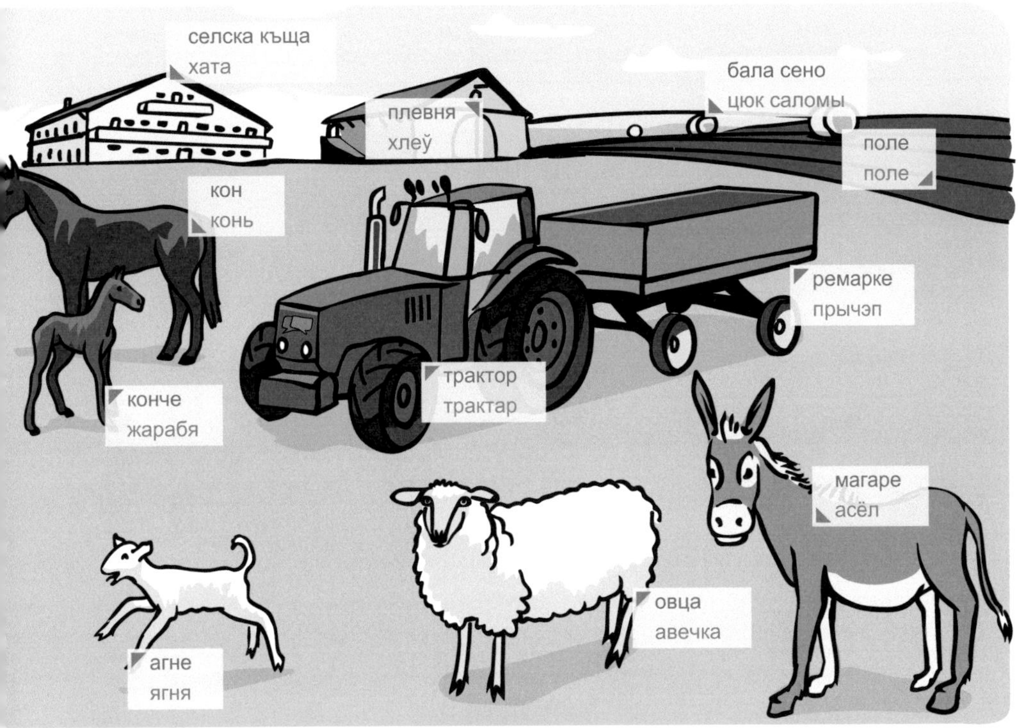
селска къща
хата
плевня
хлеў
бала сено
цюк саломы
поле
поле
кон
конь
ремарке
прычэп
трактор
трактар
конче
жарабя
магаре
асёл
овца
авечка
агне
ягня

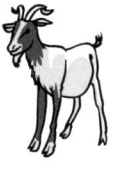

коза

каза

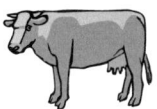

крава

карова

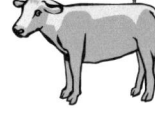

теле

цяля

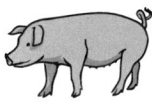

свиня

свіння

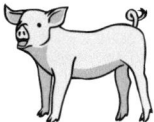

прасенце

парася

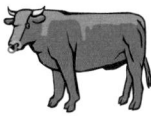

бик

бык

гъска

гусак

патица

качка

пиленце

кураня

кокошка

курыца

петел

певень

плъх

пацук

котка

кот

мишка

мыш

вол

вол

куче

сабака

кучешка колиба

сабачая будка

градински маркуч

садовы шланг

лейка

палівачка

коса

каса

плуг

плуг

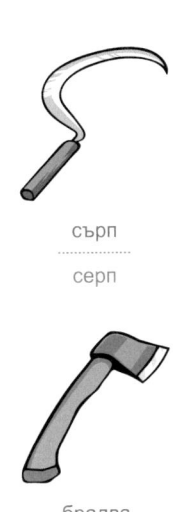

сърп

серп

мотика

матыка

вила за тор

вілы для гною

брадва

сякера

ръчна количка

тачка

корито

карыта

съд за мляко

бітон для малака

чувал

мех

ограда

плот

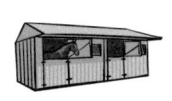

обор

хлеў

парник

цяпліца

земя

глеба

сеитба

насенне

тор

угнаенне

комбайн

камбайн

жъна

збіраць ураджай

реколта

ураджай

ямс

ямс

жито

пшаніца

соя

соя

картоф

бульба

царевица

кукуруза

рапица

рапс

овощно дърво

садовае дрэва

маниока

маніёк

зърнени храни

збожжа

къща
дом

комин
комін
покрив
дах
улук
вадасцёк
прозорец
акно
звънец
званок
гараж
гараж
врата
дзверы
кофа за боклук
вядро для смецця
пощенска кутия
паштовая скрыня
градина
сад

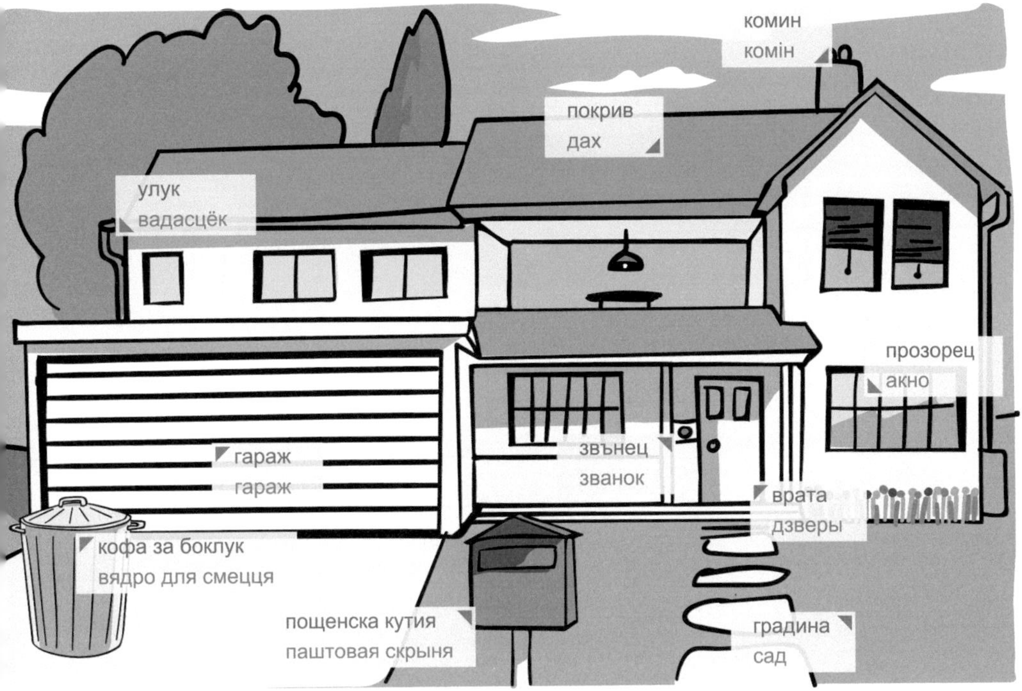

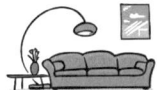

всекидневна

жылы пакой

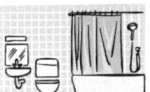

баня

ванная

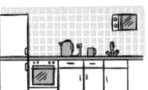

кухня

кухня

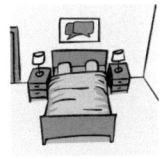

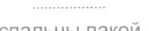

спалня

спальны пакой

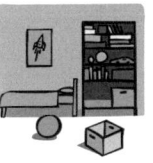

детска стая

дзіцячы пакой

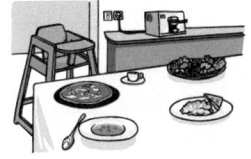

трапезария

сталоўка

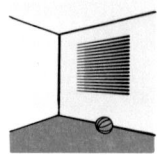

под
....
падлога

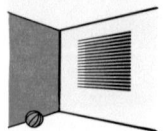

стена
....
сцяна

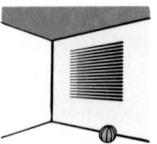

таван
....
столь

изба
....
падвал

сауна
....
саўна

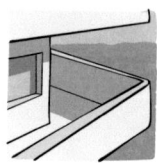

балкон
....
балкон

тераса
....
тэраса

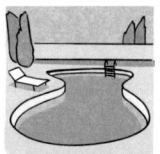

плувен басейн
....
басейн

косачка
....
касілка

спално бельо
....
падкоўдранік

покривка за легло
....
коўдра

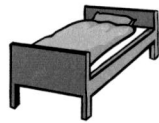

легло
....
ложак

метла
....
венік

кофа
....
вядро

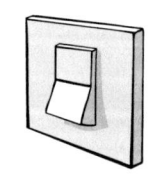

електрически ключ
....
выключальнік

всекидневна
жылы пакой

тапет
шпалеры
картина
малюнак
лампа
лямпа
рафт
паліца
шкаф
шафа
телевизор
тэлевізар
камина
камін
цвете
кветка
възглавница
падушка
канапе
канапа
ваза
ваза
дистанционно управление
пульт

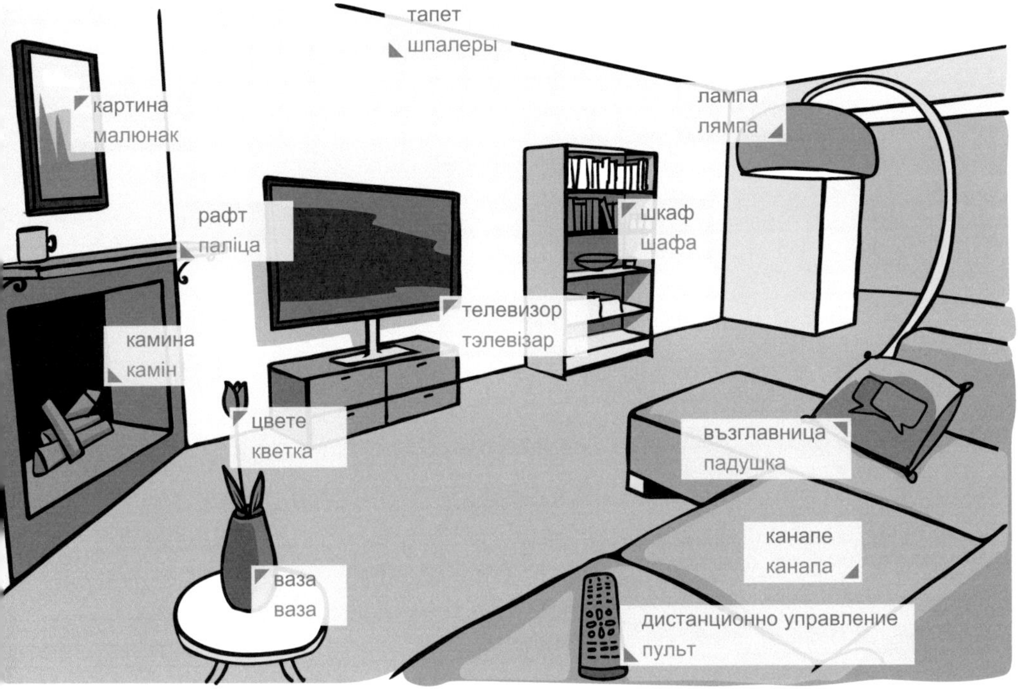

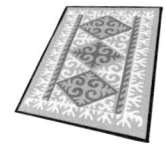

килим

дыван

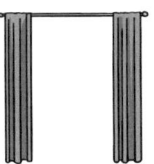

завеса

фіранка

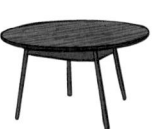

маса

стол

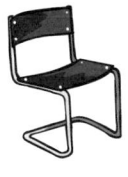

стол

крэсла

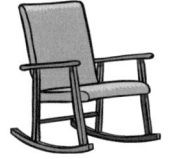

люлеещ се стол

крэсла-качалка

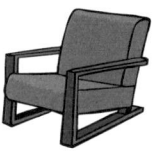

кресло

крэсла

книга

кніга

одеяло

коўдра

декорация

дэкарацыя

дърва за отопление

дровы

филм

кіно

стерео уредба

стэрэасістэма

ключ

ключ

вестник

газета

живопис

карціна

постер

постар

радио

радыё

бележник

нататнік

прахосмукачка

пыласос

кактус

кактус

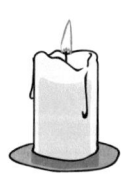

свещ

свечка

кухня

кухня

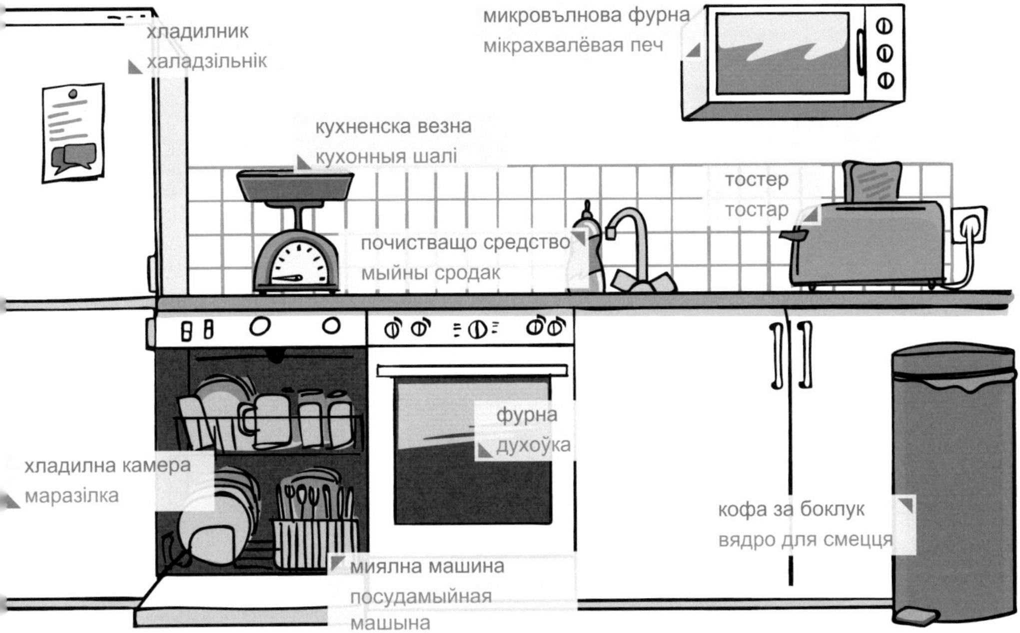

хладилник
халадзільнік
микровълнова фурна
мікрахвалёвая печ
кухненска везна
кухонныя шалі
тостер
тостар
почистващо средство
мыйны сродак
фурна
духоўка
хладилна камера
маразілка
кофа за боклук
вядро для смецця
миялна машина
посудамыйная
машына

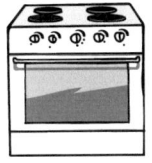

готварска печка

пліта

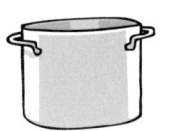

тенджера

рондаль

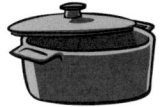

желязна тенджера

чыгунок

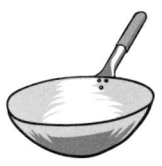

уок / кадаи

Вок / кадаі

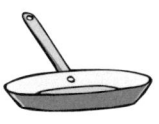

тиган

патэльня

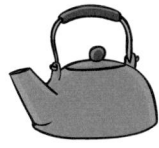

кана за затопляне на вода

чайнік

уред за готвене на пара
....
параварка

тава за печене
....
бляха

съдове
....
посуд

чаша
....
кубак

купа
....
міска

клечки за хранене
....
палачкі для ежы

черпак
....
чарпак

лопатка за тиган
....
лапатачка

тел за разбиване (на яйца, белтъци)
....
збівалка

кошница за варене
....
сіта для варэння

гевгир
....
сіта

ренде
....
тарка

хаван
....
ступка

барбекю
....
грыль

огнище
....
вогнішча

кухня - кухня

дъска

дошка

точилка

качалка

тирбушон

штопар

кутия

бляшанка

отварачка за консерви

адкрывалка

кухненска ръкохватка

прыхваткі

мивка

ракавіна

четка

шчотка

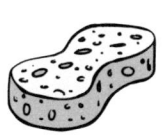

гъба

губка

миксер

міксер

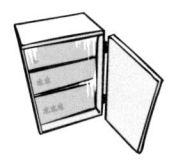

фризер

маразільная камера

бебешко шише

бутэлечка

воден кран

вадаправодны кран

баня
ванная

душ
душ
отопление
ручнікові сушыцель
хавлиена кърпа
ручнік
завеса за баня
штора для душа
шампоан за вана
пенная ванна
вана
ванна
стъклена чаша
шклянка
перална машина
мыйная машына
воден кран
вадаправодны кран
плочки
плітка
гърне
начны гаршчок
мивка
ракавіна

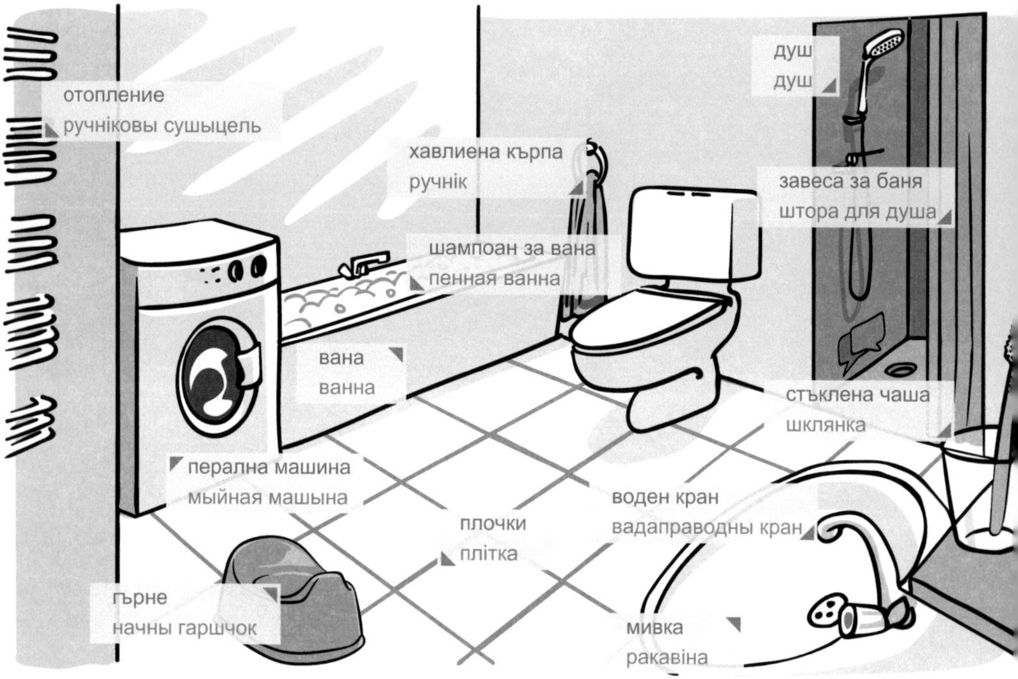

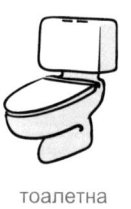

тоалетна

туалет

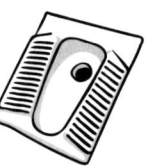

клекало

падлогавы ўнітаз

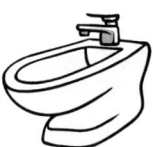

биде

бідэ

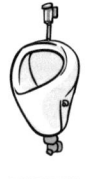

писоар

пісуар

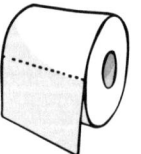

тоалетна хартия

туалетная папера

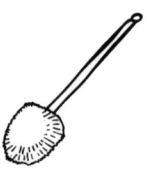

четка за тоалетна

шчотка для чысткі ўнітаза

четка за зъби

зубная шчотка

паста за зъби

зубная паста

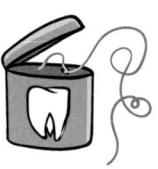

конец за зъби

зубная нітка

мия

мыць

ръчен душ

ручны душ

интимен душ

інтымны душ

леген

умывальнік

четка за гръб

шчотка для спіны

сапун

мыла

душ гел

гель для душа

шампоан за вана

шампунь

гъба за баня

вяхотка

сифон

вадасцёк

крем

крэм

дезодорант

дэзадарант

огледало

люстэрка

козметично огледало

касметычнае люстэрка

ръчна самобръсначка

станок для галення

пяна за бръснене

пена для галення

одеколон за след
бръснене
ласьён пасля галення

гребен

грэбень

четка

шчотка

сешоар

фен

спрей за коса

лак для валасоў

грим

касметыка

червило

памада

лак за нокти

лак для пазногцяў

памук

вата

ножица за нокти

манікюрныя нажніцы

парфюм

духі

тоалетна чантичка

касметычка

табуретка

табурэтка

везна

вагі

хавлия

лазневы халат

домакински ръкавици

санітарныя пальчаткі

тампон

тампон

дамски превръзки

гігіенічныя пракладкі

химическа тоалетна

біятуалет

детска стая
дзіцячы пакой

будилник
будзільнік
плюшена играчка
мяккая цацка
автомобил играчка
цацачная машынка
дрънкалка
бразготка
къща за кукли
лялечны домік
подарък
падарунак

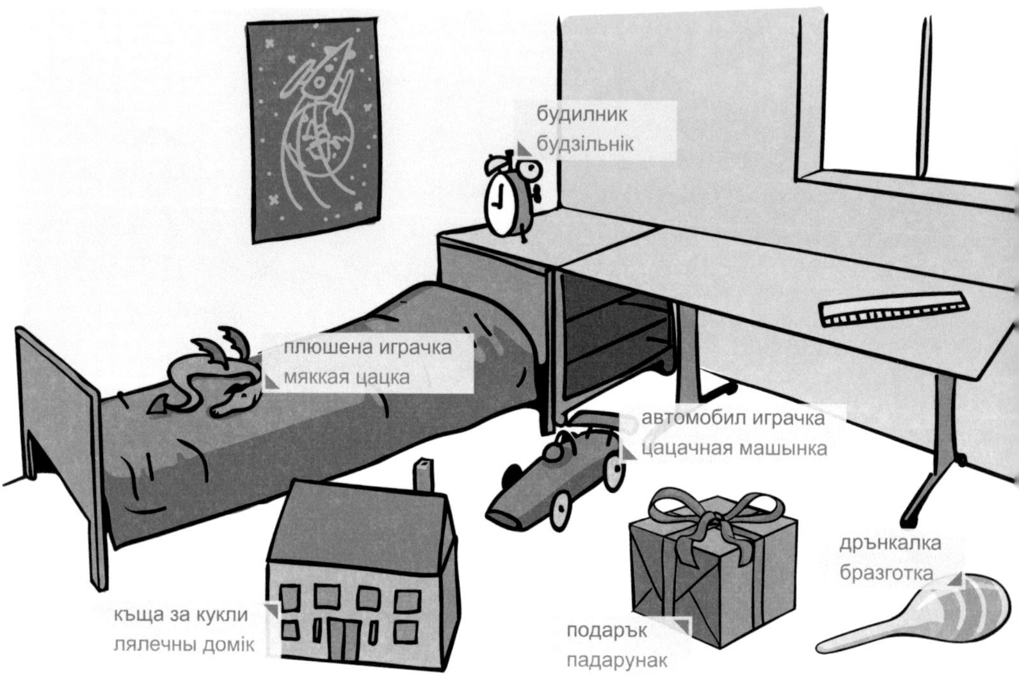

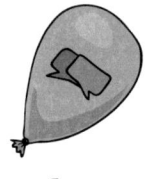

балон

надзіманы шарык

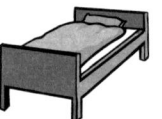

легло

ложак

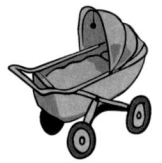

детска количка

дзіцячая каляска

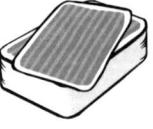

игра на карти

калода картаў

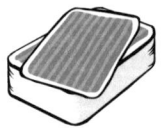

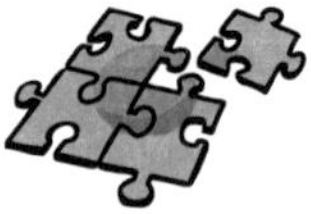

пъзел

пазл

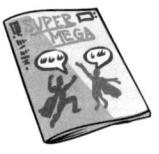

комикс

комікс

лего елементи

канструктар "Лега"

строителни елементи

канструктар

екшън фигурка

экшэн-фігурка

бебешки гащеризон

дзіцячы гарнітур

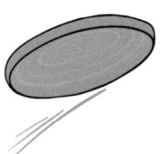

фрисби

фрызбі

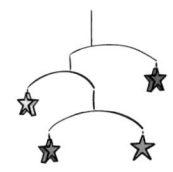

бебешки играчки за легло

дзіцячы мабіль

настолна игра

настольная гульня

зарче

кубік

миниатюрно влакче

дзіцячая чыгунка

биберон

пустышка

парти

дзіцячае свята

детска книга с илюстрации

кніга з малюнкамі

топка

мячык

кукла

лялька

играя

гуляцца

пясъчник

пясочніца

люлка

арэлі

играчка

цацкі

игрова конзола

гульнявая відэа прыстаўка

велосипед с три колелета

трохколавы ровар

плюшено мече

плюшавы мішка

гардероб

шафа

облекло

адзенне

къси чорапи

шкарпэткі

дълги чорапи

панчохі

чорапогащник

калготкі

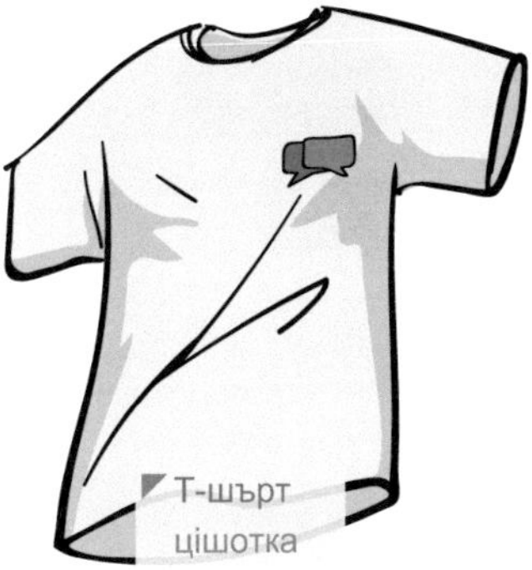

шал
шалік

колан
рамень

чадър
парасон

Т-шърт
цішотка

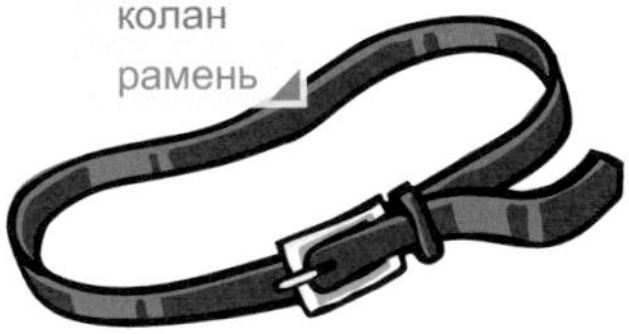

гуменки
красоўкі

ботуши
боты

пантофи
пантоплі

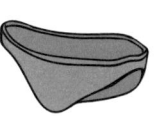

сандали
....
сандалі

обувки
....
абутак

гумени ботуши
....
гумовыя боты

слип
....
трусы

сутиен
....
бюстгальтар

долна блуза
....
майка

боди

бодзі

панталон

штаны

дънки

джынсы

пола

спадніца

блуза

блузка

риза

кашуля

пуловер

джэмпер

суичър

талстоўка

блейзър

блэйзер

яке

куртка

палто

паліто

дъждобран

дажджавік

костюм

касцюм

рокля

сукенка

булчинска рокля

вясельная сукенка

костюм

касцюм

нощница

начная сарочка

пижама

піжама

сари

сары

кърпа за глава

хустка

тюрбан

цюрбан

бурка

паранджа

кафтан

каптан

абая

Абая

бански костюм

купальнік

плувни шорти

плаўкі

къс панталон

шорты

анцуг

спартыўны касцюм

престилка

фартух

ръкавици

пальчаткі

копче
гузік

очила
акуляры

гривна
бранзалет

верижка
каралі

пръстен
кальцо

обеца
завушніца

каскет
кепка

закачалка
вешалка

шапка
капялюш

вратовръзка
гальштук

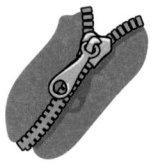

цип
маланка

каска
шлем

тиранти
падцяжкі

ученическа униформа
школьная форма

униформа
уніформа

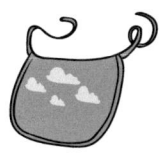

лигавник

нагруднік

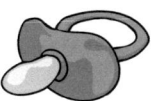

биберон

пустышка

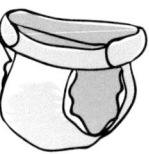

пелена

падгузнік

офис

офіс

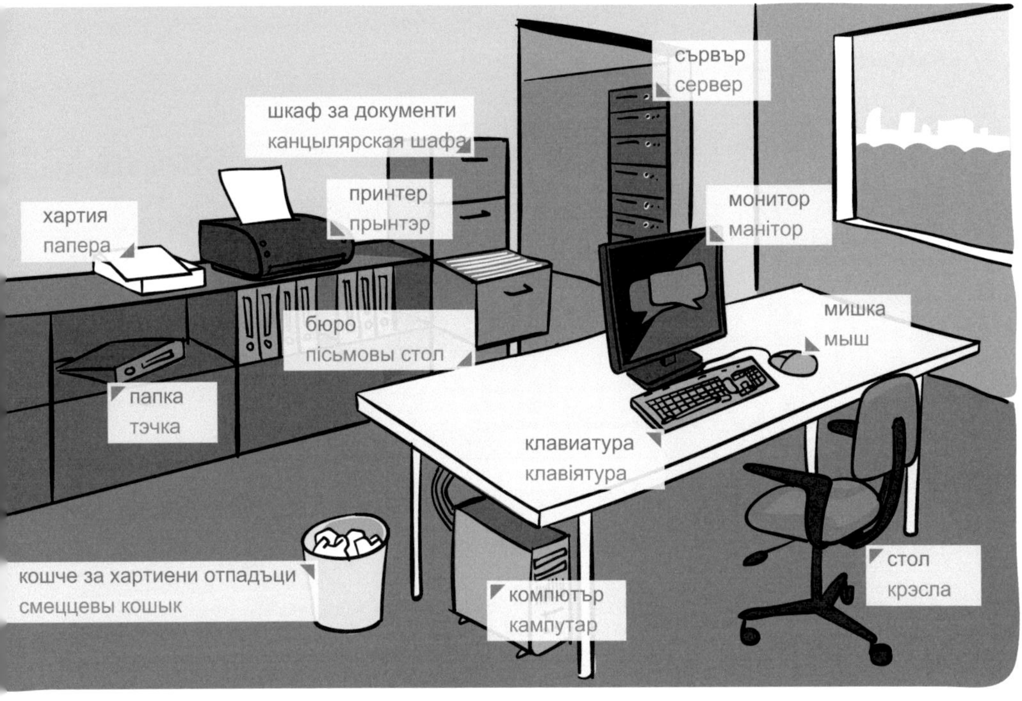

сървър
сервер
шкаф за документи
канцылярская шафа
принтер
прынтэр
хартия
папера
монитор
манітор
мишка
мыш
бюро
пісьмовы стол
папка
тэчка
клавиатура
клавіятура
кошче за хартиени отпадъци
смеццевы кошык
компютър
кампутар
стол
крэсла

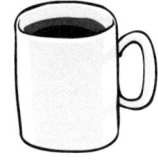

чаша за кафе

убак для кавы (філіжанка)

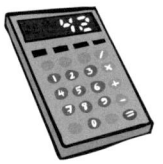

джобен калкулатор

калькулятар

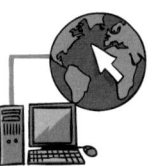

интернет

інтэрнэт

лаптоп

ноўтбук

писмо

ліст

съобщение

паведамленне

мобилен телефон

мабільны тэлефон

мрежа

сетка

ксерокс

ксеракс

софтуер

праграмнае забеспячэнне

телефон

тэлефон

контакт

разетка

факс

факс

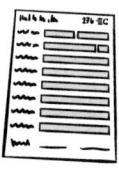

формуляр

фармуляр

документ

дакумент

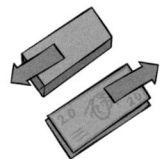

купувам

купляць

плащам

плаціць

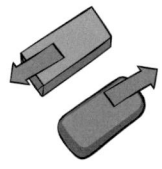

търгувам

гандляваць

пари

грошы

долар

долар

евро

еўра

йена

ена

рубла

рубель

швейцарски франк

франк

ренминби юан

кітайскі юань

рупия

рупія

банкомат

банкамат

обmenno бюро
абменны пункт

злато
золата

сребро
срэбра

нефт
нафта

енергия
энергія

цена
цана

договор
кантракт

данък
падатак

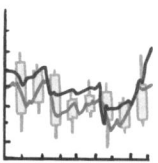

акция
акцыя

работя
працаваць

служител
служачы

работодател
працадаўца

фабрика
фабрыка

магазин за цветя
крама

професии

прафесіі

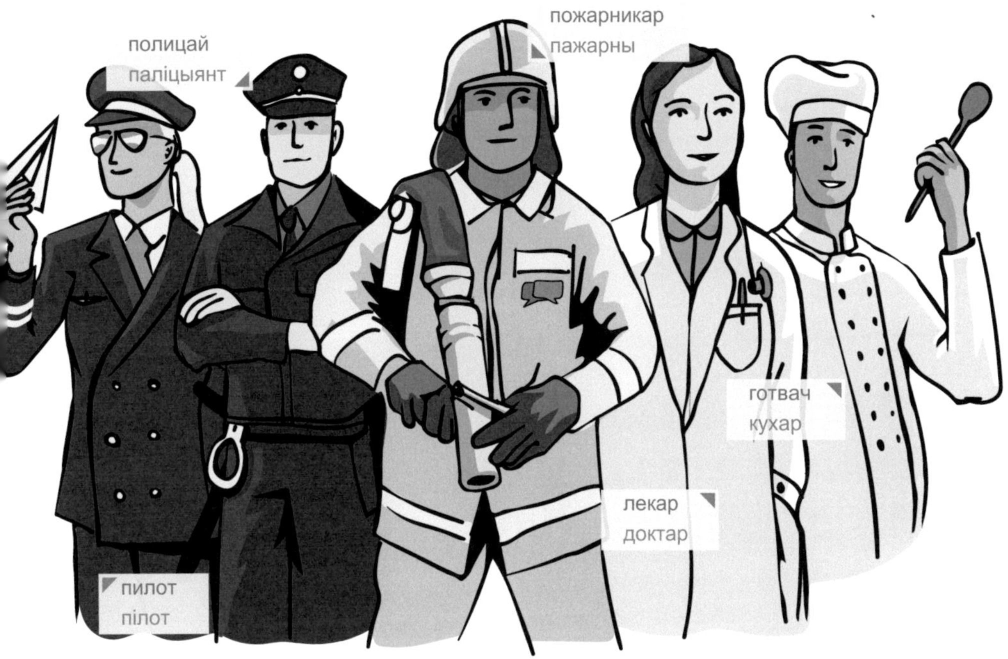

полицай
паліцыянт
пожарникар
пажарны
готвач
кухар
лекар
доктар
пилот
пілот

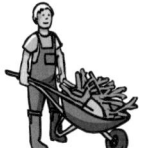

градинар

садоўнік

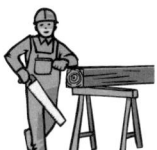

мебелист

слесар

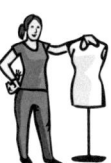

шивачка

швачка

съдия

суддзя

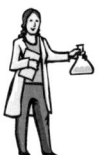

химик

хімік

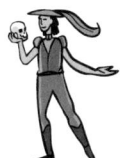

артист

артыст

шофьор на автобус

кіроўца аўтобуса

шофьор на такси

таксіст

рибар

рыбак

чистачка

прыбіральшчыца

майстор на покриви

страхар

келнер

афіцыянт

ловец

паляўнічы

художник

мастак

хлебар

пекар

електротехник

электрык

строителен работник

будаўнік

инженер

інжынер

касапин

мяснік

тенекеджия

сантэхнік

пощальон

паштальён

войник

салдат

архитект

архітэктар

касиер

касір

цветар

фларыст

фризьор

цырульнік

кондуктор

кандуктар

механик

механік

капитан

капітан

зъболекар

стаматолаг

научен работник

вучоны

равин

рабін

имàм

імам

монах

манах

свещеник

святар

инструменти
інструменты

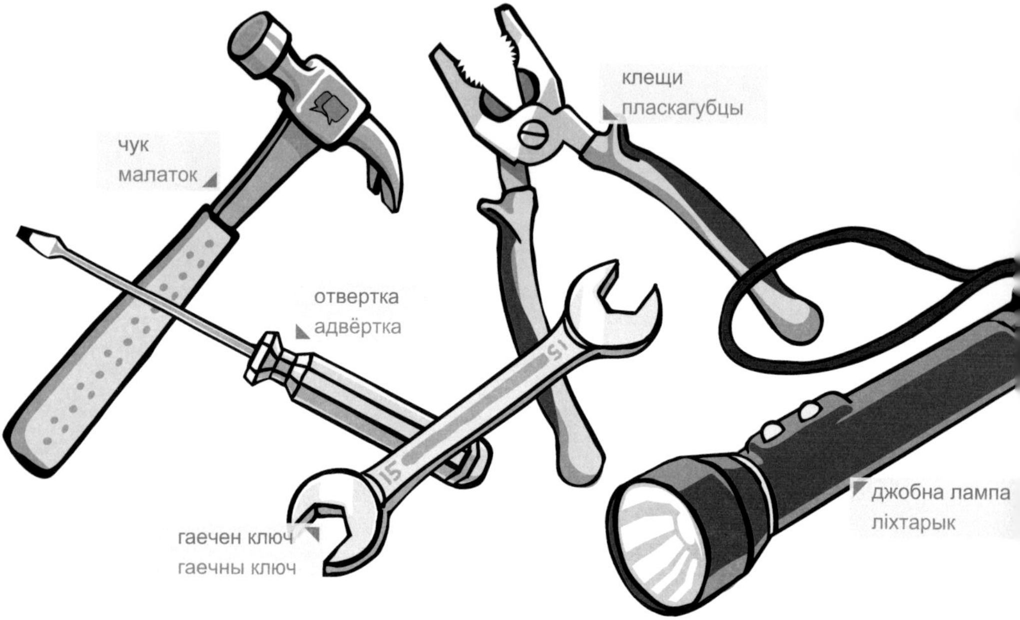

клещи
пласкагубцы
чук
малаток
отвертка
адвёртка
джобна лампа
ліхтарык
гаечен ключ
гаечны ключ

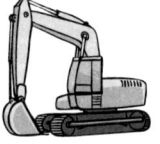

багер

экскаватар

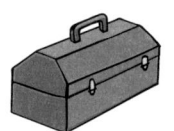

кутия за инструменти

скрыня для інструментаў

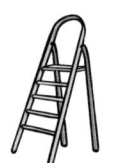

стълба

дравіны

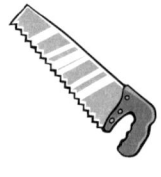

трион

піла

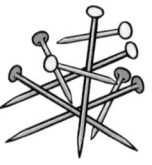

пирони

цвікі

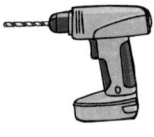

бормашина

дрыль

ремонтирам
рамантаваць

лопата
рыдлеўка

По дяволите!
Халера!

лопатка за смет
шуфлік для смецця

кутия за боя
вядро з фарбаю

болтове
балты

музикални инструменти
музычныя інструменты

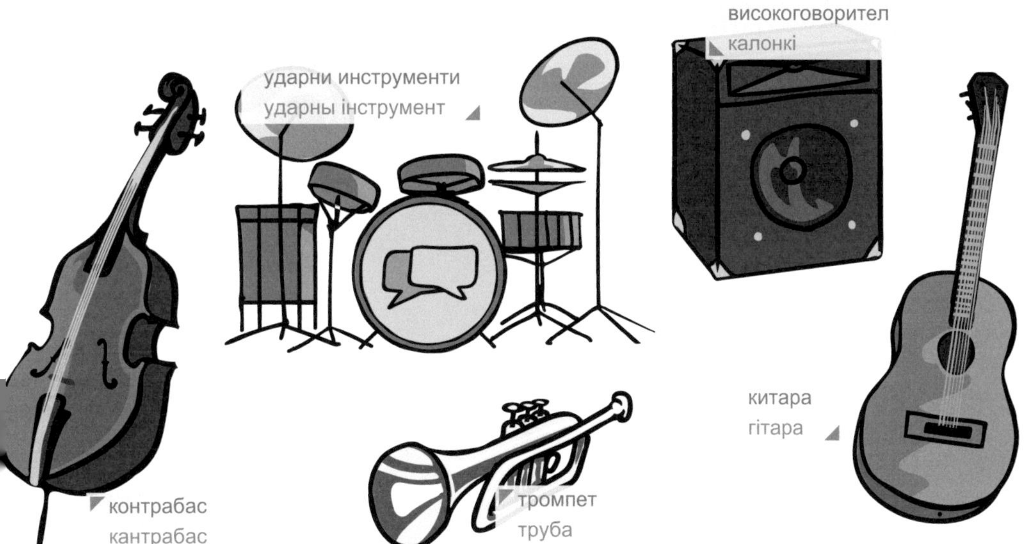

високоговорител
калонкі

ударни инструменти
ударны інструмент

контрабас
кантрабас

тромпет
труба

китара
гітара

пиано

піяніна

виолина

скрыпка

контрабас

басгітара

тимпан

літаўры

барабан

барабан

електрическо пиано

клавішны электрамузычны
інструмент

саксофон

саксафон

флейта

флейта

микрофон

мікрафон

зоологическа градина

заапарк

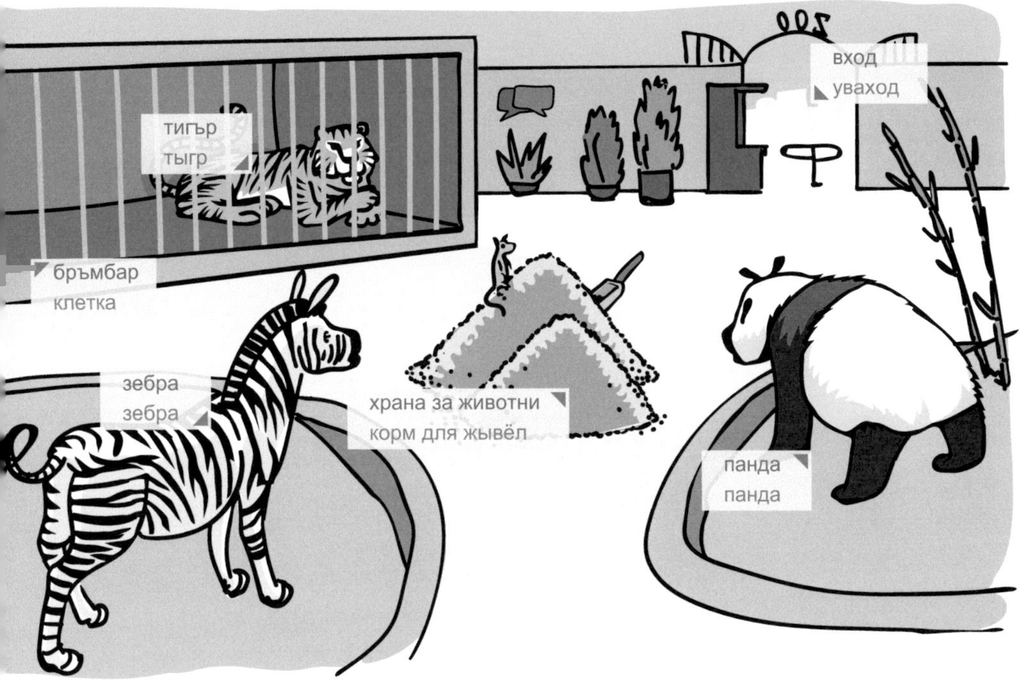

тигър
тыгр
вход
уваход
бръмбар
клетка
зебра
зебра
храна за животни
корм для жывёл
панда
панда

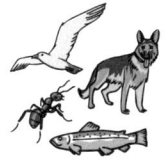

животни

жывёлы

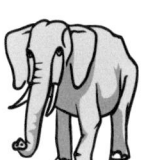

слон

слон

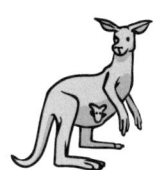

кенгуру

кенгуру

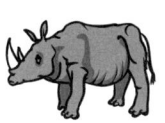

носорог

насарог

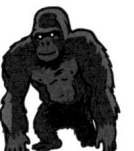

горила

гарыла

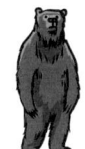

мечка

мядзведзь

камила
вярблюд

щраус
стравус

лъв
леў

маймуна
малпа

фламинго
фламінга

папагал
папугай

бяла мечка
белы мядзведзь

пингвин
пінгвін

акула
акула

паун
паўлін

змия
змяя

крокодил
кракадзіл

пазач в зоологическа
градина
наглядчык заапарка

тюлен
цюлень

ягуар
ягуар

пони
пони

леопард
леапард

хипопотам
бегемот

жираф
жыраф

орел
арол

диво прасе
дзiк

риба
рыбак

костенурка
чарапаха

морж
морж

лисица
лiса

газела
газель

американски футбол
амерыканскі футбол

колоездене
веласпорт

тенис
тэніс

баскетбол
баскетбол

плуване
плаванне

бокс
бокс

хокей на лед
хакей з шайбай

футбол
футбол

бадминтон
бадмінтон

лека атлетика
лёгкая атлетыка

хандбал
гандбол

ски бягане
горныя лыжы

поло
пола

дейности

дзейнасць

скачам
скакаць
прегръщам
абдымаць
смея се
смяяцца
вървя
ісці
пея
спяваць
сънувам
марыць
моля се
маліцца
целувам
цалаваць

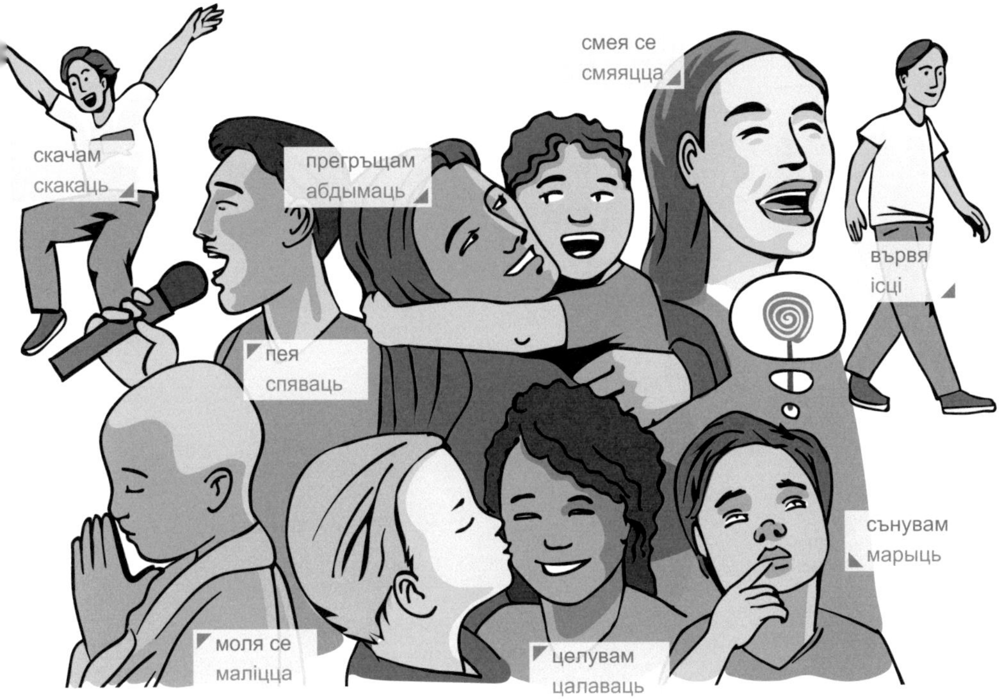

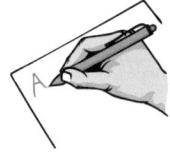

пиша

пісаць

рисувам

маляваць

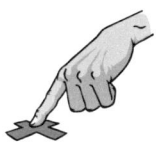

показвам

паказваць

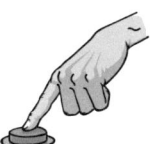

бутам

націснуць

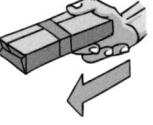

давам

даваць

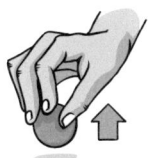

взимам

браць

имам

маць

правя

выконваць

съм

быць

стоя

стаяць

тичам

бегчы

дърпам

цягнуць

хвърлям

кідаць

падам

падаць

лежа

ляжаць

чакам

чакаць

нося

насіць

седя

сядзець

обличам

апранацца

спя

спаць

събуждам се

прачынацца

разглеждам
········
глядзець

плача
········
плакаць

милвам
········
лашчыць

реша се
········
прычэсвацца

говоря
········
гаварыць

разбирам
········
разумець

питам
········
пытаць

слушам
········
чуць

пия
········
піць

ям
········
есці

разтребвам
········
прыбіраць

обичам
········
кахаць

готвя
········
гатаваць

карам автомобил
········
ехаць

летя
········
лятаць

плавам (с платна)

плаваць пад ветразем

смятане

лічыць

чета

чытаць

уча

вучыць

работя

працаваць

женя се

уступаць у шлюб

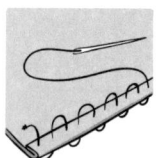

шия

шыць

измивам си зъбите

чысціць зубы

убивам

забіваць

пуша

курыць

изпращам

пасылаць

семейство

сям'я

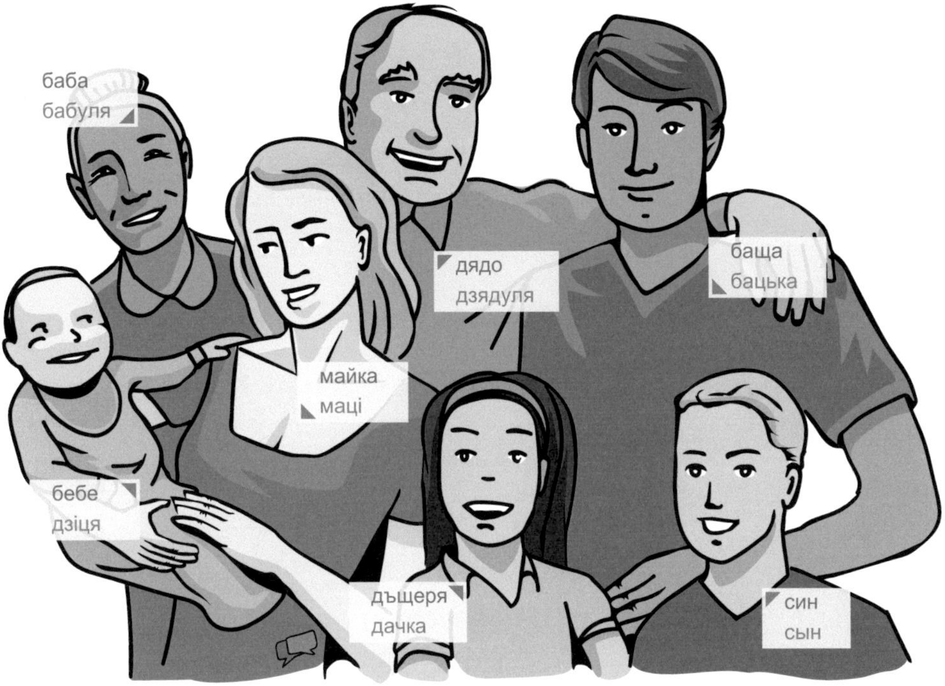
баба
бабуля
дядо
дзядуля
баща
бацька
майка
маці
бебе
дзіця
дъщеря
дачка
син
сын

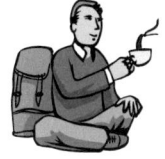

посетител

госць

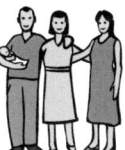

леля

цётка

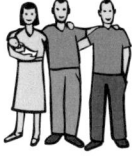

чичо

дзядзька

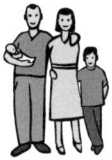

брат

брат

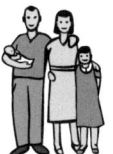

сестра

сястра

тяло

цела

чело
лоб
око
вока
рамо
плячо
пръст
палец
лице
твар
брадичка
падбародак
ръка
рука
крак
нага
гърди
грудзі
ръка
рука

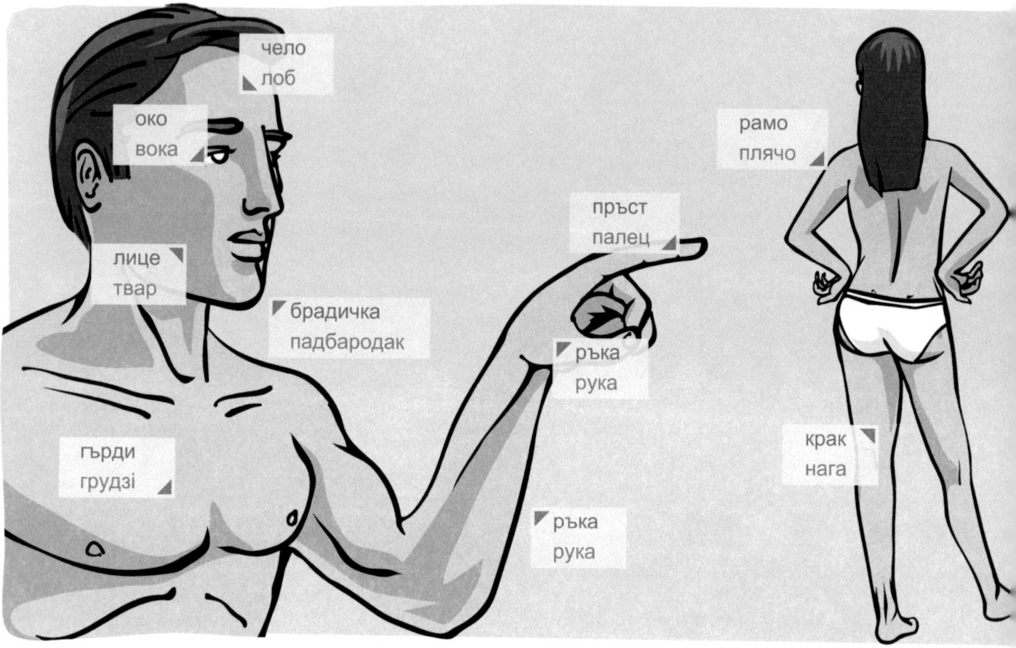

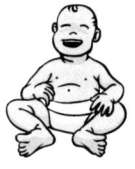

бебе
дзіця

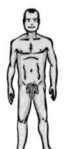

мъж
мужчына

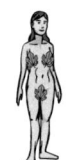

жена
жанчына

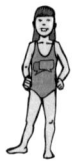

момиче
дзяўчынка

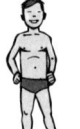

момче
хлопчык

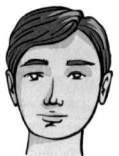

глава
галава

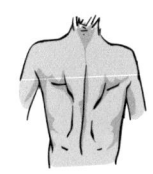

гръб

спіна

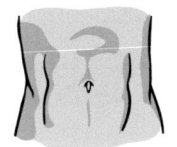

корем

жывот

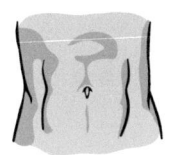

пъп

пуп

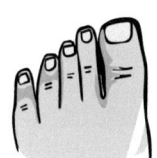

пръст на крака

палец нагі

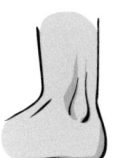

пета

пятка

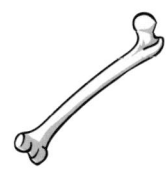

кост

костка

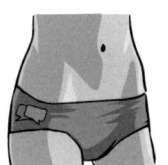

хълбок

бядро

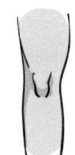

коляно

калена

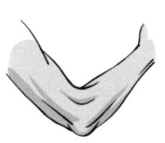

лакът

локаць

нос

нос

седалище

ягадзіца

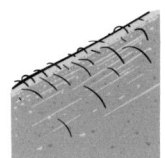

кожа

скура

буза

шчака

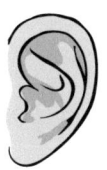

ухо

вуха

устна

губа

тяло - цела

уста

рот

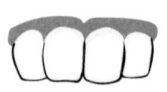

зъб

зуб

език

язык

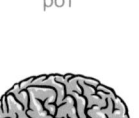

мозък

галаўны мозг

сърце

сэрца

мускул

мышца

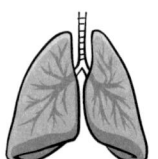

бял дроб

лёгкае

черен дроб

пячонка

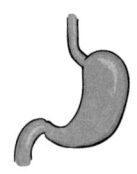

стомах

страўнік

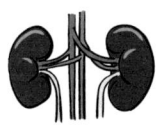

бъбреци

ныркі

полово сношение

сэкс

кондом

прэзерватыў

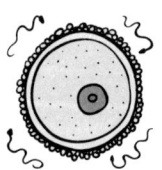

яйцеклетка

яйцаклетка

сперма

сперма

бременност

цяжарнасць

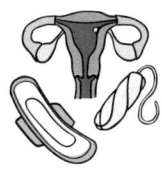

менструация

менструацыя

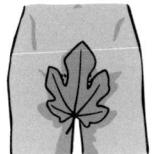

вагина

похва

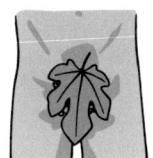

пенис

пеніс

вежда

брыво

коса

валасы

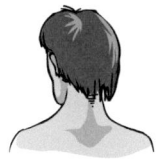

шия

шыя

болница

шпіталь

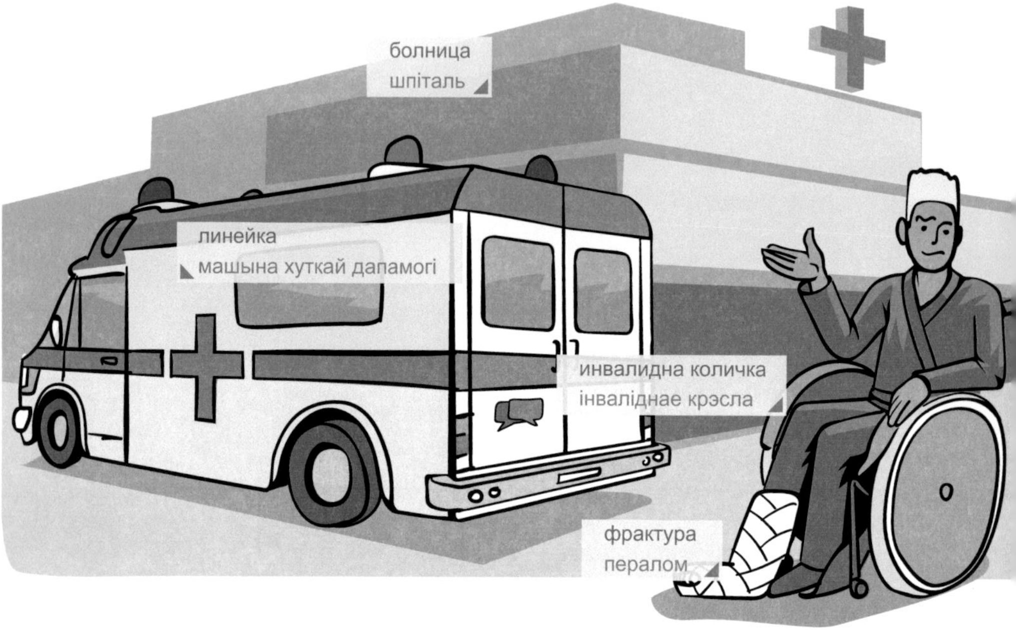

болница
шпіталь
линейка
машына хуткай дапамогі
инвалидна количка
інваліднае крэсла
фрактура
пералом

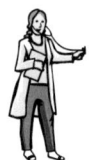

лекар

доктар

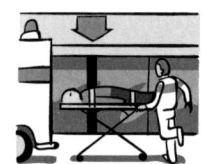

спешна хоспитализация

аддзяленне першай дапамогі

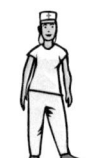

медицинска сестра

медсястра

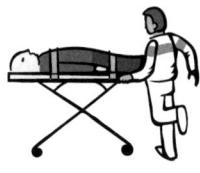

спешен случай

экстраная дапамога

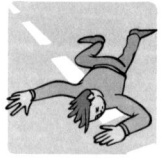

в безсъзнание

непрытомны

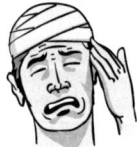

болка

боль

нараняване

траўма

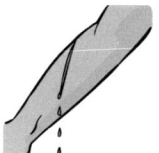

кървене

крывацёк

инфаркт

інфаркт

инсулт

апаплексія

алергия

алергія

кашлица

кашаль

температура

гарачка

грип

грып

диария

панос

главоболие

галаўны боль

рак

рак

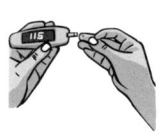

диабет

дыябет

хирург

хірург

скалпел

скальпель

операция

аперацыя

болница - шпіталь

компютърна томография
КТ

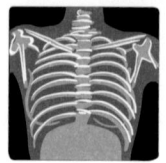

рентген
рэнтген

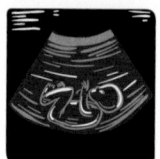

ултразвук
ультрагук

маска
маска

болест
хвароба

чакалня
пачакальня

патерица
мыліца

пластир
пластыр

превръзка
бінт

инжекция
ін'екцыя

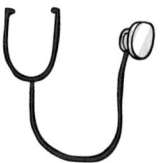

стетоскоп
стэтаскоп

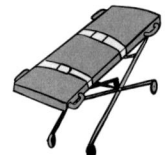

носилка
насілкі

термометър
градуснік

раждане
нараджэнне

наднормено тегло
лішняя вага

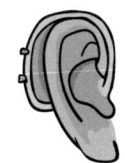

слухов апарат

слухавы апарат

дезинфекционно средство

дэзінфекцыйны сродак

инфекция

інфекцыя

вирус

вірус

HIV / AIDS

ВІЧ/СНІД

медицина

лекі

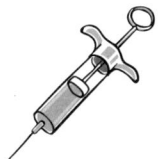

ваксинация

прышчэпка

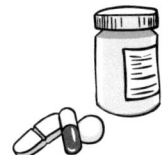

таблети

таблеткі

противозачатъчна таблетка
супрацьзачаткавая таблетка

спешно телефонно обаждане
экстраны выклік

апарат за измерване на кръвното налягане

танометр

болен / здрав

хворы / здаровы

Помощ!

Ратуйце!

сигнал за тревога

сігналізацыя

нападение

напад

атака

атака

опасност

небяспека

аварE ен изход

аварыйны выхад

Пожар!

Пажар!

пожарогасител

вогнетушыцель

злополука

аварыя

комплект за оказване на
първа помощ

аптэчка

SOS

СОС

полиция

паліцыя

Европа

Еўропа

Северна Америка

Паўночная Амерыка

Южна Америка

Паўднёвая Амерыка

Африка

Афрыка

Азия

Азія

Австралия

Аўстралія

Атлантически океан

Атлантычны акіян

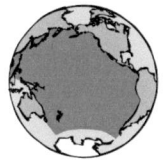

Тихи океан

Ціхі акіян

Индийски океан

Індыйскі акіян

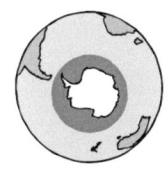

Южен ледовит океан

Паўднёвы ледавіты акіян

Северен ледовит океан

Паўночны ледавіты акіян

Северен полюс

Паўночны полюс

Южен полюс

Паўднёвы полюс

Антарктида

Антарктыда

Земя

Зямля

суша

краіна

море

мора

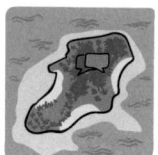

остров

востраў

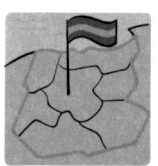

нация

нацыя

държава

дзяржава

циферблат

цыферблат

стрелка на часовете

гадзінная стрэлка

стрелка на минутите

хвілінная стрэлка

стрелка на секундите

секундная стрэлка

Колко е часът?

Колькі часу?

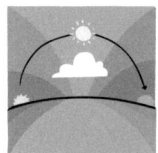

ден

дзень

време

час

сега

зараз

дигитален часовник

электронны гадзіннік

минута

хвіліна

час

гадзіна

понеделник
панядзелак

MO

TU

вторник
аўторак

сряда
серада

W

TH

FR

петък
пятніца

събота
субота

SA

SO

четвъртък
чацвер

неделя
нядзеля

вчера

ўчора

днес

сёння

утре

заўтра

сутрин

раніца

обед

абед

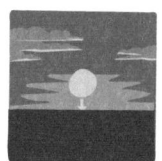

вечер

вечар

работни дни

працоўныя дні

уикенд

выходныя

дъжд
дождж

дъга
вясёлка

вятър
вецер

сняг
снег

пролет
вясна

есен
восень

лято
лета

зима
зіма

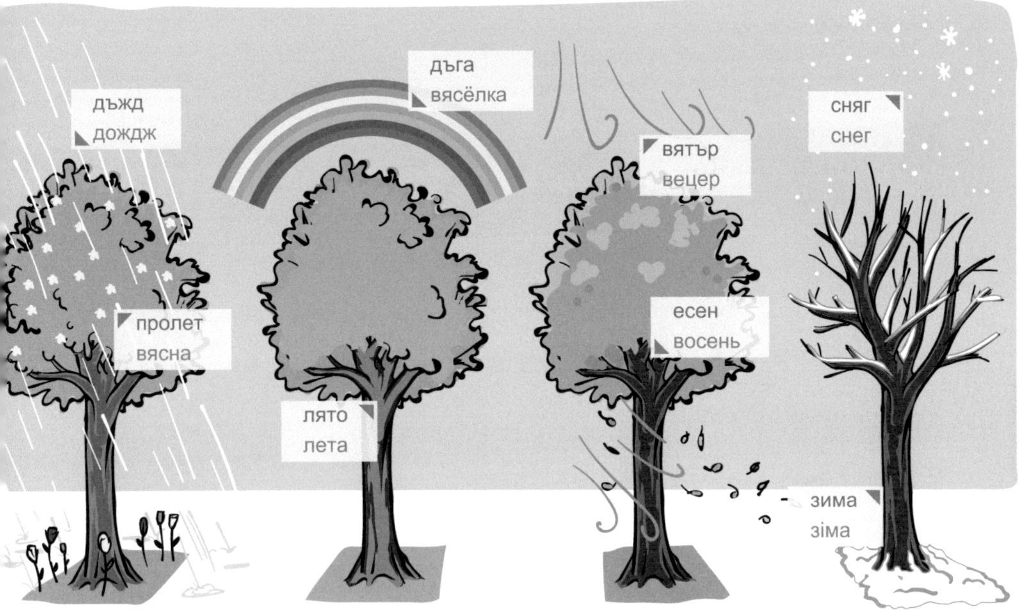

прогноза за времето

прагноз надвор'я

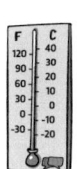

термометър

градуснік

слънчева светлина

сонечнае святло

облак

воблака

мъгла

туман

влажност на въздуха

вільготнасць паветра

светкавица
маланка

гръмотевица
гром

буря
бура

градушка
град

мусон
мусонны вецер

наводнение
прыліў

лед
лёд

януари
студзень

februari
люты

март
сакавік

април
красавік

май
май

юни
чэрвень

юли
ліпень

август
жнівень

година - год

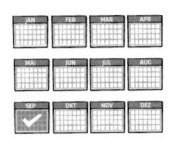

септември
·················
верасень

октомври
·················
кастрычнік

ноември
·················
лістапад

декември
·················
снежань

формы

кръг
·················
круг

квадрат
·················
квадрат

четириъгълник
·················
прамавугольнік

триъгълник
·················
трохвугольнік

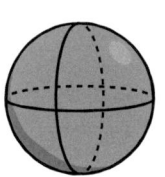

сфера
·················
шар

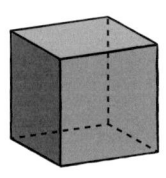

куб
·················
куб

бял

белы

жълт

жоўты

оранжев

аранжавы

розов

ружовы

червен

чырвоны

лилав

фіялетавы

син

сіні

зелен

зялёны

кафяв

карычневы

сив

шэры

черен

чорны

много / малко

шмат / мала

ядосан / спокоен

злы / добры

красив / грозен

прыгожы / брыдкі

начало / край

пачатак / канец

голям / малък

высокі / малы

светъл / тъмен

светлы / цёмны

брат / сестра

сястра / брат

чист / мръсен

чысты / брудны

пълен / непълен

поўны / няпоўны

ден / нощ

дзень / ноч

мъртъв / жив

мёртвы / жывы

широк / тесен

шырокі / вузкі

ядлив / неядлив

ядомы / неядомы

сърдит / любезен

злы / добры

развълнуван / скучаещ

узбуджаны / нудны

дебел / тънък

тоўсты / тонкі

най-напред / най-накрая

першы / апошні

приятел / враг

сябар / вораг

пълен / празен

поўны / пусты

твърд / мек

цвёрды / мяккі

тежък / лек

важкі / лёгкі

глад / жажда

голад / смага

болен / здрав

хворы / здаровы

нелегален / легален

нелегальны / легальны

интелигентен / глупав

разумны / дурны

ляво / дясно

левы / правы

близо / далече

побач / далёка

нов / употребяван

овы / былы ва ўжыванні

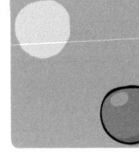

нищо / нещо

нічога / нешта

стар / млад

стары / малады

вкл. / изкл.

укл / выкл

отворен / затворен

адчынены / зачынены

тих / силен (звук)

ціхі / гучны

богат / беден

багаты / бедны

правилен / погрешен

правільна / няправільна

грапав / гладък

шурпаты / гладкі

тъжен / щастлив

сумны / шчаслівы

дълъг / къс

кароткі / доўгі

бавен / бърз

павольны / хуткі

мокър / сух

вільготны / сухі

топъл / студен

цёплы / халаднаваты

война / мир

вайна / мір

0

нула
нуль

1

едно
адзін

2

две
два

3

три
тры

4

четири
чатыры

5

пет
пяць

6

шест
шэсць

7

седем
сем

8

осем
восем

9

девет
дзевяць

10

десет
дзесяць

11

единадесет
адзінаццаць

12

дванадесет
дванаццаць

13

тринадесет
трынаццаць

14

четиринадесет
чатырнаццаць

15

петнадесет
пятнаццаць

16

шестнадесет
шаснаццаць

17

седемнадесет
сямнаццаць

18

осемнадесет
васямнаццаць

19

деветнадесет
дзевятнаццаць

20

двадесет
дваццаць

100

сто
сто

1.000

хиляда
тысяча

1.000.000

милион
мільён

английски
....
англійская

американски английски
....
англійская (Амерыка)

китайски мандарин
....
кітайская мандарынская

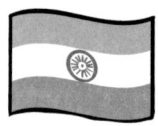

хинди
....
хіндзі

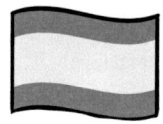

испански
....
іспанская

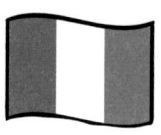

френски
....
французская

арабски
....
арабская

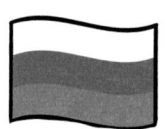

руски
....
руская

португалски
....
партугальская

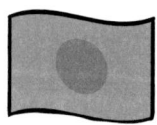

бенгалски
....
бенгальская

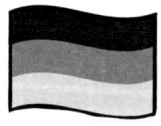

немски
....
нямецкая

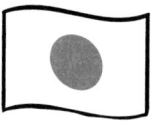

японски
....
японская

аз
я

ти
ты

той / тя / то
ён / яна / яно

ние
мы

вие
вы

те
яны

кой?
хто?

какво?
што?

как?
як?

къде?
дзе?

кога?
калі?

име
імя

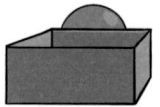

зад
за

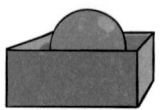

в
у

пред
перад

над
над

върху
на

под
пад

до
каля

между
паміж

място
месца